무늬 없는 바다

시조사랑시인선 54

신계전 시조집

무늬 없는 바다

열린출판

신계전 시조집

무늬 없는 바다

1판 1쇄 발행 2024년 11월 21일

지은이 | 신 계 전
펴낸곳 | 열린출판
등록 | 제 307-2019-14호
주소 | 경기도 고양시 덕양구 권율대로 656, 1401호
전화 | 02-6953-0442
팩스 | 02-6455-5795
전자우편 | open2019@daum.net
디자인 | SEED디자인
인쇄 | 삼양프로세스

ⓒ 신계전, 2024
ISBN 979-11-91201-76-5 03810

*책값은 뒤표지에 표시되어 있습니다.
*저자와 협의하여 인지를 생략합니다.

■ 시인의 말

다시 가을에,

무르익은 가을에 햇곡처럼 추수한 졸저를
마음 졸여 내밀어봅니다
만족할 만큼 감동도, 역작도, 명작도 아니지만
나름대로 엮은 올가을 결실을 다듬으며
더 나은 작품으로 독자와 만나리라
다짐합니다.
좌절은 있어도 포기는 없다!
제 좌우명입니다
무늬 없는 바다에서는
좌절도 포기도 없기를 간절히 바랄 뿐입니다

2024년 11월
신계전

■ 차례

■ 시인의 말 _ 5

1부

잔 다르크 ················· 13
호강 ···················· 14
선線 ···················· 15
공작 ···················· 16
국방색 ··················· 17
철마 ···················· 18
버선코 ··················· 19
연리지 ··················· 20
난파선 ··················· 21
도솔천 ··················· 22
상고대 ··················· 23
청산 ···················· 24
각설이 ··················· 25
돌총 ···················· 26
옥천玉川 ·················· 27
녹명鹿鳴 ·················· 28
허상 ···················· 29
마부작침磨斧作針 ············· 30
먼발치 ··················· 31
대답 없는 메아리 ············· 32

2부

혈루血淚 ·· 35
피의 능선 ·· 36
무無 ·· 37
앙지대仰止臺 ·· 38
진검승부 ··· 39
극락보전 ··· 40
귓밥 ·· 41
번뇌 ·· 42
명위헌明威軒 ·· 43
이 세상은 ·· 44
진정한 승자 ··· 45
나의 스승 ·· 46
돌확石臼 ·· 47
어도御道 ·· 48
돌쩌귀 ·· 49
경지 ·· 50
북소리 ·· 51
적막寂寞 ·· 52
노둣길 ·· 53
궤적 ·· 54

3부

불이문 · 57
여의주 · 58
절규 · 59
묵도默悼 · 60
지렁이 · 61
조우遭遇 · 62
까레이스키 · 63
돌섬 · 64
귀압鬼壓 · 65
정상 · 66
그래도 · 67
강낭콩 · 68
송죽 · 69
벽돌 · 70
빙하 · 71
파문 · 72
댓잎 · 73
대관령 까치 · 74
탈 · 75
영봉靈峰 · 76
하늘재 · 77
판옥선板屋船 · 78
양파 · 79
물빛 · 80

4부

겨울 숲길 ················· 83
보루堡壘 ················· 84
콩 조가비 ················· 85
산당화 ················· 86
청고淸高 ················· 87
설송雪松 ················· 88
빙氷 ················· 89
그 소녀 ················· 90
파도가 밀려오면 ················· 91
얼 ················· 92
참호慘號 ················· 93
양구 팔경 ················· 94
산류천석山溜穿石 ················· 95
시월 상달에 ················· 96
직간直諫 ················· 97
길 ················· 98
비 내리는 길상사 ················· 99
매 ················· 100
왕십리 연가 ················· 101
비천무 ················· 102
꼭짓점 ················· 103
방생 ················· 104

5부

진혼 ··· 107
바웃골 ·· 108
청법清法 ·· 109
공 ··· 110
사투 ·· 111
방하착放下着 ·································· 112
올가미 ·· 113
만다라曼茶羅 ·································· 114
탄嘆 ·· 115
비명悲暝 ······································· 116
댓돌 ·· 117
눈 내리는 언덕 ································ 118
두엄 ·· 119
공렴公廉 ······································· 120
벽수 ·· 121
얼레빗 ·· 122
옥녀봉 ·· 123
그해, 가을 ····································· 124
빼다지 ·· 125
석간수 ·· 126
분기탱천 ······································· 127
지평선 ·· 128

해설: 존재의 심연을 가로지르는 시적 성찰 ····· 129

1부

잔 다르크
-셋째 외손녀 세례명

똘망한 눈동자로
내 마음을 가두었지

언제나 꽃별처럼
야무지게 반짝이며

내 안에
쑥쑥 자란다,
네가 심은 사랑이

호강

못 먹고 못 입어도
자식 배는 채웠었지

주린 배 낡은 옷에
벼락치기 비단 수의

살아서
엄두도 못 낸
리무진을 타고 가네.

선線

사람을 지키려고
내가 나를 지킵니다

하늘은 말이 없고
사방은 어두워도

가슴은
눈을 뜹니다,
내가 나를 지키려고.

공작

눈부신 모습으로
세상을 펼쳐 가네

언제쯤 크나큰 꿈
한없이 펼쳐 볼까

세상은
만만찮아도
날개 편다, 너를 보며.

국방색

뚜렷한 색이 있다,
아버지 가슴에는

붉은색 푸른색도
비껴 누른 모호한 색

분명한
눈빛을 본다,
펄럭이는 짙은 색

철마
- 김형석 교수님

달리고 또 달린다,
열정의 깃대 꽂아

비탈길 고갯길도
거뜬히 넘어섰네

초로는
저만치 둔 채
소년으로 눈 뜬다.

버선코

마음을 가다듬네,
단정한 매무새로

밑바닥 가지런히
꼿꼿이 목을 세워

조금도
흐트림 없네
낮고 낮은 몸짓으로

연리지

그 누가 알아줄까
애틋한 그 사랑을

잡은 손 놓지 마오
하늘이 쪼개져도

인연은 끊지 못하리,
밧줄처럼 끈질지게.

난파선
- 역류

알고 있다, 깊은 강은
무엇이 잘못인지

큰 바위 숨구멍은
말없이 말을 하고

이끼낀
선착장에는
흰 피톨만 서렸다.

도솔천

눈 감고 마음 떠서
깊고 높은 길을 찾네

끝없는 길을 따라
한없이 헤매이네

헤매다 쓰러진 하늘
맑은 길이 되었네.

상고대

구름도 강바람도
능선 타고 함께 모여

얼음 눈 깍지 낀 채
산하를 굽어보며

세상을
몰아세운다,
만만찮은 몸짓으로

청산

구름은 산을 넘어
어디론가 떠도는데

나 없고 너도 없고
본래가 공한 것을

시비는
따져 무엇해
하늘땅도 눈 감은걸

각설이

하늘을 찢어놓은
익살의 만담 속에

폭포가 흘러가듯
시름도 내리꽂아

깡통은
나팔을 분다,
눈물 배꼽 앞세워

돌총
- 유적지 폐왕성을 돌아보며

구름도 말이 없고
바람도 입을 닫아

역사의 발자취만
쉼 없이 살펴보니

부릅뜬
돌멩이 절규
봄꽃처럼 붉게 운다.

옥천玉川

신선이 춤을 추듯
맑은 몸짓 출렁이고

물소리 하도 고와
마음마저 길을 잃어

산천도
숨을 죽인 채
귀를 열고 쫓아오네

녹명鹿鳴

산 넘고 강을 건너
함께하는 물결 따라

가없는 울음 속에
번져가는 나눔의 정

사람은
울 수 없는가,
순록보다 아름답게

허상

있는 듯 없는 것도
마음속에 간직하고

없는 듯 있는 것도
마음에서 내려두면

보일 듯
보이지 않는
온 세상이 보일까.

마부작침 磨斧作針

고통을 감내하고
혼신으로 노력하면

소망의 귀퉁이에
가는 구멍 생기려나

최상은
최선이라고
마음 입술 깨문다.

먼발치

보일 듯 멀어지는
애절함의 키를 높여

가슴을 쓰다듬네,
안쓰러운 기다림에

목젖도
숨을 죽인 채
그리움만 깊어가네

대답 없는 메아리
-비무장지대

산 넘고 물을 건너
목청껏 소리쳐도

숲속의 나뭇가지
공중의 전깃줄에

목줄이
걸려버렸나,
이도 저도 못한 채

2부

혈루血淚

천벌을 내리려고
하늘도 호통치네

좌우로 갈라서서
나라를 뒤엎을 때

선열은
하늘에서도
피눈물만 흘리네.

피의 능선

목놓아 소리치네
잎마다 맺힌 피멍

초개의 목숨 던져
얼룩진 피의 산하

애끓는
태극 능선을
넘나드네, 울음 꽃

무無
    -언니를 보내고

이승을 마다하고
저승길 들어서네

모두를 짊어진 채
모두를 내려놓네

해탈도
열반에 들어
무명으로 눈 뜨네.

앙지대 仰止臺

갈매기 노닐었던
기암절벽 맑은 계곡

무엇을 말하는가
휘어진 수목들은

청백리
고귀한 바람
가슴마다 여울지네.

진검승부

참되고 올바르게
떳떳하고 따뜻하게

언제나 칼끝처럼
냉철한 마음으로

승패는
가슴에 있다,
정의롭고 강하게

극락보전
-보문사를 돌아보며

삼산면 걸쳐 앉은
관음보살 극락보전

낙조를 굽어보는
마애석불 눈썹바위

극락은
중생의 소망
삶의 길은 아득하다.

귓밥

한없이 가슴 죄어
애태워 기다려도

소식은 오지 않고
하늘만 내려앉아

까치는 길을 잃었나
애간장만 녹인다.

번뇌

대나무 빗자루로
마당을 쓸어봐도

티끌은 꼼짝없이
미동도 않는 것을

마음도
갈퀴에 갇혀
옴짝달싹 못하네.

명위헌 明威軒
-고려궁지 동헌

서릿발 강화유수
등등하던 불호령은

세월의 입김 속에
잡풀처럼 누워있고

동헌은
하늘 찌르던
기개 접고 졸고 있다.

이 세상은

한마디 말속에서
한없이 녹아나고

한 자루 촛불로도
한없이 넉넉하고

한송이
꽃잎만으로
눈시울이 뜨겁다.

진정한 승자
-올림픽 펜싱 경기

초조한 긴장 속에
날 세운 칼끝으로

매섭고 예리하고
정확하고 냉혹해도

승자는
손을 내민다,
허물어진 패자에게

나의 스승

천둥만 내려치던
무서운 길목에서

칼 같은 냉철함을
보이던 깊은 속내

이제야 깨닫습니다,
뜨거웁던 야속함을.

돌확石터

어머니 가슴처럼
아늑하고 포근하다

처마 밑 궂은 비가
세월 이고 넘쳐오면

쫀득한
삶의 떡살도
절구질로 살아온다.

어도御道
– 세종대왕 영릉

처연한 바람결에
조심스레 디딘 발길

봉분을 호위하는
문무 석상 말 없어도

산세는
말하고 있네,
역사 속에 걸어온 길

돌쩌귀

아래위 맞춰보고
옆으로도 맞춰보네

맞아야 열리는 너
지극정성 맞춰보네

뒤틀린
우리네 마음
쪽 눈으로 맞춰볼까.

경지

마음을 가다듬어
두 눈을 꼭 감으면

유유히 흘러가는
내 안의 강물 소리

언제쯤
되돌아드나,
깊고 높은 물살로

북소리
– 성삼문

봉래산 제일 봉에
낙락장송 되었을까

올곧은 충심으로
독야청청 하였건만

위정은
판을 치누나,
벼락 품은 하늘 아래

적막寂幕

산사의 고요에도 세속의 고독에도

거침없이 활보하는 내 안의 침묵이다

다시는
깨울 수 없는
이명으로 떠난다.

노둣길

가던 길 멈추고서
깍지 끼고 돌아본다

아픔도 많았지만
들숨날숨 건너왔다

길마다
손들고 있다,
힘들었던 나날이

궤적

살아온 지난날을
가슴속에 새겼어라

살아갈 미래에는
후회할 일 없기만을

족적은
지울 수 없네
오늘에야 깨닫네.

3부

불이문

있는 듯 없는 문을
없는 듯 제쳐 두고

머무는 공간조차
지워버린 마음속에

넘어져
가로막는다,
오도 가도 못한 채

번뇌가 없다면야 해탈도 없는 것을
해탈의 길을 찾아 번뇌하는 어리석음
배꼽은 박장대소로 불이문을 삼킨다.

여의주

버리면 얻어진다 누누이 들었어도
내 안에 쌓인 욕심 쉽사리 못 버린 채
커다란 돌덩어리만 가슴 가득 채웠네

언제나 한결같이 올곧게 살아가면
맘속에 품어오던 보배의 구슬처럼
소중한 삶의 편린도 내 안에서 눈 뜨리.

절규

정초에 다진 마음
섣달그믐 곧추세워

하늘 땅 무너져도
끄떡없는 마음으로

사람아,
사람을 걸고
사람으로 살아야지

창문이 열리듯 마음의 문을 열어
채워도 차지 않는 비움의 충만으로
바람은 앙금이 되어 목메이게 소리친다.

묵도默悼
-도산 안창호

진리를 뒤따르고
정의를 바로 세워

투옥도 감내하며
나라를 지켜내신

가신 임 크신 발자취
고개 숙여 엎드리네

구국의 일선에서 몸 바쳐 희생하신
그 충정 깊고 깊게 마음에 아로새겨
남기신 아픈 말씀도 가슴 속에 심습니다

지렁이

죽어도 살아있다,
꿈틀대는 용맹으로

명치를 짓누르는
가혹한 형벌에도

목숨은
목숨을 걸고
목숨 다해 살았다

하찮은 미물이라 생각마저 없다던가
나름의 세상살이 몸부림에 지쳤어도
일생은 초라하지만 아무 미련 없다네.

조우遭遇

마음을 열어두고 마음으로 맞이하네
서로의 가는 길에 깊은 인연 맞닿을까
가슴이 눈뜨는 길목 마주하며 서 있네

옷깃만 스쳐 가도 인연이라 하는 것을
마음이 함께하면 금상첨화 아니런가
뜻 모아 참된 길 걷는 도반으로 남으리.

까레이스키

멀고도 낯선 땅에 발붙여 살아왔네
고국의 그리움을 가슴속에 묻어둔 채
시리고
낯선 이름만
서럽도록 다가오네

언제나 돌아갈까 꿈을 안고 헤매어도
인정의 굶주림에 살아있는 나라말은
뜨거운
가슴 속에만
바늘처럼 꽂혀 있네.

돌섬

섬에서 섬을 떠나 섬처럼 살아왔네
돌아본 고향길에 우뚝 솟은 말뚝 섬이
가슴에 정을 묻은 채 그리움만 키우네.

언제나 포말처럼 밀려오는 애틋함은
가슴 속 응어리로 파도치며 다가와도
먼 하늘 말이 없구나, 노을 지는 구름길

귀압鬼壓

눈 뜨면 난무하는 파국의 진흙탕이
그칠 줄 모른 채로 고도성장高度盛長 거듭하고
세상은 수렁에 빠져 불통으로 익사한다.

보는 것 들리는 것 어느 하나 시원찮아
듣고도 믿지 않고 보고도 알 수 없어
멍하니 바라보아도 가슴 귀만 답답하다.

정상

속박을 벗어나서 가볍게 날아본다
인내의 다짐으로 끈기 있게 달려가면
튼실한 보람의 열매 훈풍으로 오려나

의지의 솟대 위에 걸터앉은 시린 소망
내 안의 벽을 딛고 일어서는 힘찬 내일
한없이 낮은 곳에서 더욱 깊이 오른다.

그래도

주어진 숙명으로 걸어야 할 길이라면
말없이 끌어안고 가슴 틔워 걸어야지
하늘은 무심치 않아 뜻을 받아 따르리라.

흩뿌린 빗발 사이 삶의 굴곡 엎드리고
살아서 사는 길이 죽음처럼 어두워도
그래도 살아가리라, 내가 택한 길이기에

강낭콩

장대에 매달려서 온몸으로 치달아도
하늘에 닿지 못할 가늘고 여린 줄기
구름도 안타까워서 나지막이 감돈다

생각을 거두어라 네 허리만 부러진다
애당초 불가능을 진즉에 알아야지
턱없는 기대를 접고 분수대로 살아라.

송죽

언제나 한마음에 하늘 향한 푸르름은
물빛이 하늘이고 하늘 또한 물빛이듯
그 기백 간직하여서 오랜 세월 청청하리

비움이 가득 차서 꼿꼿하게 서 있구나
오로지 외길만이 홀로 택한 길이라네
바람아 건드리지 마, 뿌리내린 외골수를

벽돌

화려한 모양새로 눈길을 끌지 않고
사각의 균형으로 단단히 터를 잡아
오로지 주어진 일에 소명으로 버틴다

세상사 힘들고도 허술하기 짝이 없어
믿음도 견고함도 분간하기 어려워라
어쩌다 부정비리만 허물 길이 없는가.

빙하

뜨거운 불볕더위 마음도 녹아내려
하지의 열기 속에 허공마저 작열하면
단단한 얼음기둥도 소리 없이 녹는다

세상이 매몰차고 앞뒤 분간 못 하여도
하늘이 내려주신 뜨거운 마음 있어
아픔도 가슴을 열면 서슴없이 녹는다.

파문
- 영지버섯을 만나

계곡의 그늘 속에 네 얼굴 숨어 있네
인내의 굴곡 속에 지녀온 묵언수행
세월은 고통을 접어 부챗살로 앉았네

비바람 모진 한파 꿋꿋이 견디면서
얼마나 많은 말을 허공에 뿌렸을까
뭉쳐진 시련의 나날 풍상으로 굳었네.

댓잎

물살이 차오른다 가슴을 덮치면서
꿈속에 간직해온 초라한 사랑 하나
바람은 알지 못하네, 눈물 먹여 키운 정

비바람 삭풍에도 말없이 견디면서
외골수 곧은 마음 오로지 지녔어도
바람은 알지 못하네, 서러움에 깊은 정.

대관령 까치

된서리 찬바람이 영마루 감아 돌면
싸늘한 기운 속에 눈물도 얼어붙어
가슴은 서러움 안고 대관령을 넘는다

얼마나 더 울어야 재 너머 당도할까
산하의 초목마다 사랑을 보듬어도
등 너머 시린 바람만 몰아친다, 빈 가슴에.

탈

앞에선 이러하고
뒤에선 저러하고

속 다른 모습으로
여태껏 살았구나

이제야
드러난 속셈
감출 길이 없어라

사람이 사람이길 거부한 그릇된 길
근사한 모양새로 살아온 지난날을
하늘에 두 손 모으고 이제라도 빌어라.

영봉靈峰

바람을 끌어안고 구름도 휘어감아
힘차게 다가오는 알 수 없는 기운으로
마음길 사로잡는다, 천지간에 떠도는

낮으면 낮은 대로 높으면 높은 대로
계곡의 입김 속에 돌아드는 푸른 기상
언제나 우러러봐도 닿지 못할 숨결이다.

하늘재

구름이 함께하는 바람길을 걸어가네
길 아닌 길을 따라 길을 두고 길을 가네
하늘도
눈을 감은 채
바람길을 틔우네

이승에 못다 할 연 다음 생을 기약하고
눈 감아 마주 보며 바람 속에 보듬었네
하늘도
가슴 태우며
눈물짓네. 재 너머

판옥선板屋船

수군의 좌우명이
목숨처럼 걸려있는

생사의 갈림길은
멀고도 가까웠네

죽어도
살아있는 혼
부릅뜬 채 호령한다

충무공 한이 서린 원혼의 갑판 위로
구름도 허리 굽혀 돌아드는 거센 물살
죽어도 죽지 못한 채 하늘 찔러 출렁인다.

양파

눈물만 쏙쏙 빼는
너를 보면 얄밉지만

눈물로 돌아보며
지켜야 할 사람의 길

맨 맘에
정이 들었네,
눈물깍지 껴안은 채

세상사 맵다지만 진심으로 다가서면
눈물로 얼룩져도 다독이며 풀어주리
참모습 보듬어 살자, 눈물 속에 살더라도

물빛
- 울산 대왕암에서

수평선 바라보며 용의 전설 건져낸다
뱃길도 뚜렷하고 동백꽃도 선명한데
희미한
피리 소리만
이 가슴을 적시네.

지아비 뜻을 받아 더욱 낮은 자리매김
온종일 후려치는 안타까운 파도 소리
세월은
부창부수를
물빛으로 띄우네.

4부

겨울 숲길

언제나 걷던 길을 낯설게 다가선다
내 안에 자리하던 아픔의 순간들이
풍성한 날개를 달아 시리도록 날아든다

고통을 씨앗으로 자라난 시련 속에
삭풍을 받아치며 견뎌낸 돌탑에는
하늘을 우러러보는 겨울꽃만 애처롭다

바위틈 흘러내린 석간수 아래에는
다급한 물살처럼 흐르던 욕망들이
폭포로 쏟아 내린다, 기다림의 문을 열고.

보루堡壘
- 법 앞에서

평탄의 기류에서 혼돈의 질곡으로
존엄의 길목에서 지탄의 골목으로
한 가닥 남은 바람은 법을 떠난 법으로

유능의 상징에서 무능의 지경으로
감동의 선상에서 절망의 나락으로
마지막 지켜낼 목숨 무엇으로 숨 쉴까.

정의를 짓밟고서 비굴하게 엎드리네
하늘도 기가 막혀 어둠 속에 신음하네
법 앞에 가슴 모은 채 법을 이고 일어서라.

콩 조가비

세월의 밑창으로 거슬러 길을 열면
낯익은 조가비는 물잠방 숨바꼭질
꽃구름 머리에 이고 발 빠르게 달린다

바닷가 모래톱에 파도가 밀려오면
새들도 마음졸여 서둘러 길 떠나고
포말도 소망을 싣고 어디론가 떠난다

소녀는 어디 가고 백발만 성성한데
콩눈이 조가비도 파도에 시달리네
애꿎은 기적소리만 가슴 속을 울린다.

*콩 조가비: 콩처럼 작은 조가비

산당화

뜨겁게 활짝 피네, 온 산을 끌어안고
소슬한 바람끝에 나부끼는 꽃잎마다
햇살도 숨을 죽인 채 그리움만 붉게 타네

숲속의 속삭임도 귓전으로 담아두고
오가는 눈길마다 파고드는 시새움에
부풀은 자존의 멋은 바람마저 잠재우네

애타는 그 마음을 누구에게 전해줄까
바람도 뜬구름도 나 몰라라 지나쳐도
꽃불 든 사랑을 이고 기다림만 붉게 타네.

청고淸高
- 운곡의 발자취

올곧은 마음 하나 우듬지에 걸렸네
더없이 맑은 정신 한결같이 받잡아서
빛살로 살아온 삶이 석경길이 되었네

하늘은 높푸르고 마음도 곧게 지녀
벼슬길 마다하고 의로움을 곧추세워
고결한 절개 하나로 오직 외길 걸었네

청사에 길이 빛날 절의의 갈무리는
목메인 청원에도 사도의 길을 지켜
치악산 솔바람 속에 노구소는 말 없네.

설송 雪松

혹독한 추위 속에 맨몸으로 서 있구나
버거운 눈의 무게 온몸으로 받아내며
늘 푸른 기상을 담아 백설 속에 나부낀다

낮추고 비워내야 걸림 없이 사는 것을
이제야 깨우치며 마음으로 고개 숙여
전신을 가볍게 턴다, 눈바람을 맞으며

겨울밤 깊어가도 초연히 눈 감은 채
매서운 눈바람을 말없이 끌어안고
묵묵히 감내하리라, 절벽 위의 설송처럼.

빙氷
- 영월 요선정을 돌아보며

마애불 말이 없는 요선암 무릉계곡
억겁의 물살 속에 흐르는 돌개바람
화강암 곧은 자태만 세월 안고 누워있네

석양도 걸터앉아 가슴 태운 너럭바위
애달픈 돌개구멍 눈물짓는 바람골에
수많은 탑을 쌓으며 맑은 하늘 우러른다

적요의 숲길마다 걸어 나온 시린 사랑
빈 가슴 출렁이며 파도치는 들녘에서
주천강 흐르는 물결 애절함만 서려 있다.

그 소녀

풀밭에 엎드려서 맑은 하늘 업어보고
바위에 올라앉아 솜털 구름 안아보던
그리움 말없이 익어 바람 속에 숨었네

눈 감고 더듬어도 찾아가던 고향길이
다정한 친구처럼 다가오는 이명 속에
망막은 추억을 딛고 소리 없이 열리네

턱밑에 괴인 세월 눈치 없이 날뛰어도
청운의 꿈을 안고 달려가던 그 소녀는
여지껏
하늘 업은 채
날 새는 줄 모르네.

파도가 밀려오면

조가비 부처손이 포말을 헤치면서
하늘을 우러르며 달려가는 푸른 물결
산빛도 바다에 잠겨 하늘 파도 치누나

흙무덤 등에 업은 길 잃은 남생이는
파도가 손짓하는 물밑 길을 달려가면
바다는 큰 가슴으로 반가웁게 보듬었다

수평선 저 너머로 들려오는 이명 속에
세월은 가슴 치며 파도처럼 밀려가고
바람만 구름 사이로 물보라를 일으킨다.

얼

하늘이 땅을 치는
어두운 아침에도

너와 나 가슴 속에
살아 숨 쉴 질긴 영혼

혼탁한
어둠을 딛고
피어난다, 무궁화

죽어도 살아나는 불사조의 넋을 품어
총총한 눈빛으로 창공을 날아가며
눈 뜨는 아침의 혈맥 햇살처럼 일어선다

참호慘號
- 불굴

왜구의 침략에서 나라를 구원할 때
당당한 그 기개는 가슴마다 서려 있고
숨죽인 역사의 바람 소리 없이 불어온다

억울한 누명으로 고초를 감내하고
통분한 하늘 아래 치를 떠는 산천초목
애달픈 통곡 소리만 세월 속에 흐른다

목숨을 내어놓은 명운의 순간에도
불굴의 곧은 뜻을 동아줄에 걸어둔 채
충정은 절개를 이고 소리 없이 소리친다.

양구 팔경

두타연 맑은 폭포 구름 따라 흘러가고
어머니 품속처럼 아늑한 펀치볼은
사명산 바라보면서 한가로이 노닌다

고요히 들려오는 광치계곡 물소리에
절경을 노래하는 파서탕 기암괴석
파로호 시린 물결에 누워 우는 역사여

지장수 귀한 물로 솟아나는 후곡약수
새들도 나무들도 노래하는 수목원에
솔바람 숲길을 따라 푸른 하늘 드높네.

산류천석 山溜穿石
- 석오石吾 이동녕李東寧 친필 앞에서

구국의 애국혼이 살아 숨 쉰 고장에서
민족의 대동단결 부르짖던 간절함은
말 없는 바위가 되어 산천초목 울리네

결기로 버티었네 끊임없는 시련 속에
고통도 참아내고 온갖 잡음 떨쳐내어
기필코 내리 뚫었네, 거침없는 물줄기로

숭고한 님의 뜻을 가슴으로 받아안고
인동초 뿌리처럼 끈질기게 살아남아
세상을 관통하리라, 어지럽고 혼탁해도

시월 상달에

그대가 보입니다. 아련한 저 달 속에
고요한 이 밤에도 서러운 꽃대궁은
은하수 시린 물결로 못다 한 말 띄웁니다

세월은 흘러가도 달빛 속에 아린 추억
눈물로 이운 꽃잎 몽매에도 붉게 피어
휘영청 밝은 하늘엔 별이 되어 흐릅니다

별빛도 지쳐 잠든 적막한 하늘 저편
말없이 출렁이는 내 안의 깊은 파도
가슴을 덮쳐옵니다, 크고 밝은 달이 되어

직간 直諫

신하는 임금에게 제자는 스승에게
올곧은 마음으로 거침없이 여쭙는 일
세상은 매섭다지만 정직으로 일관하리

나 아닌 네가 되고 너 아닌 내가 되어
서로의 눈높이로 세상을 바라보면
세상은 넉넉하리라 한치 앞을 못 보지만

좁은 길 함께 가고 힘든 길 받쳐 가듯
헛되고 그릇된 길 서로서로 고쳐가면
이 세상 바로 세워져 우리 모두 반듯하리

길

길 속에 마음 있고 마음속에 길이 있네
참되고 맑은 세상 구가하는 바른 마음
언제나 흔들림 없이 오직 외길 가리라.

도리가 아니거든 지체없이 돌아서고
길 아닌 길이라면 미련 없이 뿌리쳐야
세상에 빛이 되는 길 주저 없이 나서리

문 닫고 입 막아도 마음길은 못 막는다
하늘이 눈을 감고 바다가 잠잠해도
움트는 정의의 빛살 어둠 딛고 비추리.

비 내리는 길상사

마음을 가다듬어 경내를 거닐었네
극락전 뜨락에는 가을비만 애달픈데
백석은 당나귀 타고 어디쯤에 서 있나

촉촉한 구슬픔을 머금은 꽃무릇도
애절한 그리움을 간직한 상사화도
여울진 가슴 토닥여 빗속에서 눈 뜨네

진영각 한쪽 켠에 드리운 쓸쓸함은
가슴에 쏟아지는 봇물로 다가와서
혼탁한 세상만사를 어루만져 씻는다.

*뫼낭골: 고향 산마을

매
　　-법타스님을 뵈옵고

먼 길을 달려가서 법타法陀극락 보았었네
잔잔한 은물결로 밝혀주신 법의 등불
가벼운 회초리 앞에 무거웁게 깨달았네

목단이 되었다가 백합꽃이 되었다가
법고로 다가와서 범종처럼 가슴 치고
불 밝힌 인등이 되어 어둔 마음 비추었네

중생을 사랑하고 불법을 펼치시듯
자비의 말씀으로 쓰다듬던 너른 가슴
스님은 보이지않고 법타만이 계셨네.

왕십리 연가

무더운 여름에도 매서운 한파에도
외줄기 변함없는 애틋한 마음 하나
외로움 등에 업은 채 가로등불 되었다

길고긴 세월 속에 다져온 믿음으로
끈질긴 시름으로 단단한 밧줄 되어
세상을 관통하였네, 그 언덕을 넘어서

쓰디쓴 아픔 딛고 오르내린 길모퉁이
칼바람 내리꽂는 시린 날이 달려들어
가슴을 어루만진다, 은행잎을 휘날리며

비천무

졸지에 길을 떠나 넋이 된 혼령 앞에
목메어 울어본들 영령마저 혼절하고
하늘길 누가 틔우나 발목 잡는 절규 속에

목놓아 애통하고 땅을 치며 분통한들
가신 임 듣지 못해 반야용선 멈추었고
때아닌 회오리바람 극락왕생 길을 막네

해당화 명사십리 너는 어이 피어있나
못다 핀 원혼의 꽃 저승길에 활짝 피어
눈 뜬 채 길 떠난 혼을 차마 배웅 못 하네.

꼭짓점

눈 감고 다가서는 꿈의 고개 마음에는
등 푸른 생선처럼 팔딱이는 소망 줄기
언제나 비몽사몽의 등선에서 머무른다

애틋한 가슴팍을 연민으로 관통하고
정상은 너무 멀어 엄두조차 내지 못해
마음도 닿지 않는 손 간절하게 내민다

언제나 별빛으로 가득 찬 그리움은
말없이 고개 숙인 안타까운 모습으로
오늘도 가슴 태우네, 부질없는 꿈길 속에

방생

자유를 주겠노라. 가두어둔 세상에서
답답해 도망가던 탈출병도 덜미 잡혀
흐르는 맑은 물소리 하릴없다 말하네

가두어 놓아주고 목숨 건져 보냈다고
크나큰 기지개로 소리치는 어리석음
미진한 가슴 속에는 허무함만 쌓인다

보내도 못 떠나고 떠나도 못 보내는
역류의 물결처럼 살아오는 부끄러움
업장을 이고 서 있다, 씻지 못할 형벌로

무엇을 보내주며 무엇을 살리는가?
미물도 말이 없고 중생도 말 못 하네
놓아라, 너마저 너를 허허로운 벌판에서.

5부

진혼

모기 코 비뚤어진 서늘한 가을 초입
바라춤, 연화 용선 혼령을 달래어도
한 맺힌 영가에게는 무슨 소용 있을까

산 사람 위로하고 산 사람 위로받고
영혼은 비껴서서 구경꾼이 되어도
막다른 진혼의 마당 사람 혼이 되었네

저승은 고요한데 이승은 시끄럽고
천도를 한답시고 마음만 어지럽혀
법문은 허공에 뜬 채 각설이만 나서네.

바웃골

구름이 내려앉아 술래잡기 정신 없네
풀잎도 나무들도 번갈아 눈을 뜨고
까치도 질끈 눈감고 바위 아래 숨었지

해 질 녘 어스름에 땅거미 내려앉아
뒷골을 잡아채던 공동묘지 할미 귀신
다급한 삼십육계로 정강이만 까진다

쑥개떡 한 소쿠리 세월이 아련한데
봇도랑 청개구리 아직도 목을 풀고
추억은 개천에 누워 일어날 줄 모르네.

청법 清法

세상을 뒤엎어도 마음만은 반듯하게
마음을 뒤엎으면 세상만사 달라지듯
만법은 마음속에서 온 세상을 키운다.

짐승의 길을 가면 짐승으로 하락하고
사람의 길을 가면 사람으로 예우받아
법의 길 코앞에 둔 채 불법으로 가려는가.

섭리를 거스르면 하늘에서 징벌하고
마음을 거스르면 마음속에 쥐가 난다
사람은 도리를 지켜 제 갈 길만 가야지.

공
- 반야

물질이 허공이며 허공이 물질이듯
더럽고 깨끗한 것 오감도 소용없어
마음은 진공 속에서 갈팡질팡 떠도네

안팎이 다르지만 같은 듯 한결같이
지혜의 바느질로 고웁게 여민 채로
어둠도 빛을 숨긴 채 숨바꼭질 중이네

본래에 없는 것을 있는 듯 갈구하다
허상의 문지방에 목을 맨 부끄러움
마음도 눈을 감았네, 깨달음을 잃은 채.

사투

바람이 부는 대로 걸림 없이 날아간다
역풍이 불어와도 도리없이 휘말린다
참 나를 지켜내기엔 안간힘이 부친다

구름이 말을 한다 제정신을 차리라고
송죽도 일러준다. 꼿꼿하게 눈 뜨라고
하지만 자꾸 들린다. 나와 나의 힘겨루기

이쪽을 가다 보면 저쪽에서 목을 잡고
가슴을 열어두면 내 가슴에 멍이 들어
참다운 나만의 나는 어디에서 찾아보나.

방하착放下着

내 안의 나를 향해 끊임없이 소리친다
번뇌도 길을 접고 집착마저 벗었다고
끝없는 호언장담만 누더기로 쌓인다.

또 다른 나의 내가 거품 물고 일어선다
턱없는 덕성일랑 빛 좋은 개살구라
실속은 양보 못 한다 어림 턱도 없다네.

세상이 훈수한다 그 말 저 말 믿지 마라
지니든 내려놓든 마음먹기 나름이다
비워서 흡족하다면 박수로서 채우리.

올가미

평범한 일상속에 담기는 삶의 흔적
번쩍인 생각조차 일몰 속에 가라앉아
아무런 결실 없어도 자부심에 일어선다

어제가 오늘이고 오늘 또한 내일인데
떠오른 해를 보며 다짐하는 새해 소망
마음을 모으고 모아 간절하게 빌어본다

죽었다 살아나는 수많은 초목들은
죽은 게 아니라고 기지개로 소리치듯
해마다 살아난다네, 눈 감은 채 눈을 뜨며.

만다라曼茶羅

여기가 어디인가 몽롱한 가운데에
감았던 눈을 떠도 내가 나를 알 수 없네
언제쯤 참다운 나를 내 앞에다 세울까

참된 길 못 본 채로 눈먼 길을 더듬으며
고뇌의 수레바퀴 멈출 길이 아득하여
흐르는 맑은 물결에 마음 자락 씻는다

하나에 모두 있고 모두에 하나 있어
한 티끌 작은 속에 세계를 머금었고
우주는 삼라만상을 가슴으로 보듬었네.

탄嘆

멀쩡한 나라님을 탄핵으로 끌어내려
나랏돈 제 맘대로 흥청망청 경제 파탄
쓸만한 인재들마다 사장시킨 망국 정권

무능한 모리배들 집단으로 끌어들여
국가를 전복하고 사회불안 조성하며
한세상 잘살 것처럼 온갖 수단 동원했네

가짜가 판을 치고 거짓이 진실처럼
단식도 허울 좋게 말짱하게 넘기더니
급기야 엉터리 피습 온 국민을 속였구나

하늘이 분노하고 땅끝마저 살을 떠네
언제나 이 세상은 정의 앞에 공평하지
천지가 진동할 패륜 민초들은 알고 있다

비명悲暝

억울함 둘러쓰고
저승길 헤매다가

지나는 바람결에
목메어 우는 영혼

다 안다,
눈 뜬 속임수
온 세상이 보았네

거짓을 진실처럼 온갖 죄 덮어씌워
하늘도 몸을 떨고 초목도 치를 떤다
형벌을 불러 모은 일 온 세상이 보았네

모른다. 모르쇠로 입 다물면 그만일까
보아도 못 보았다 잡아떼면 그만일까
진실은 시퍼런 눈을 양심에다 꽂는다

댓돌

산까치 정겨웁게 노래하는 숲속 마을
언덕길 꽃무지개 헤치면서 달려가면
어스름 동네 어귀를 반딧불이 밝혀주네

개여울 맑은 물은 변함없이 흘러가고
설레는 꽃망울은 가슴 가득 맺혔는데
품속에 묻었던 말은 강물 되어 넘쳐나네

세월은 바람 따라 구름 속에 나부끼고
처마 밑 구슬프게 조아리는 낙수처럼
보고픈 그리운 얼굴 기다려도 오지 않네.

눈 내리는 언덕

사뿐히 펼쳐놓은 꿈길 같은 언덕에서
깊어진 여울 속을 눈감은 채 걸어가면
야속한 세월 바람만 별빛처럼 눈 부시다

지금도 구름 속에 턱을 괴고 누워있는
푸르던 나의 꿈은 수액처럼 출렁이고
소망이 불을 지피는 피안으로 달려간다

흩어진 파편처럼 나뒹구는 꿈의 조각
땅거미 소리 없이 하루해를 낚아채면
소망은 명치에 걸려 흰 눈으로 쌓인다.

두엄

낯설은 타향길에 밀려오던 서러움이
사립을 들어서자 명치를 짓누르네
어디서 들려오는가, 풀벌레의 합창 소리

그리던 고샅길에 앞서가는 조개구름
쿰쿰한 내음으로 묻어오는 바람결에
발길을 잠시 멈춘다, 설레이는 마음으로

눈동자 휘두르며 주위를 살펴보네
낯설게 다가오는 낯익은 내음처럼
언제쯤 제대로 익어 고향 땅을 찾을까

공렴公廉

착하고 인정 많아 우유부단 속수무책
혼자만 올바르면 그게 전부 아닌 것을
아닌 건 아닌 거라고 또렷하게 말해야지

눈 뜨고 당하면서 눈 감은 듯 말 못 하고
비리를 보고서도 못 본 척 한다면야
올바른 사람이라고 차마 말을 못 하리

세상이 혼탁해도 그런 세상 맑게 씻어
밝은 세상 구가하여 윤리도덕 앞세우고
사람이 사람다우면 세상 또한 세상 답지

벅수
－아버지를 보내고

문병 온 사람마다 괜찮다 괜찮다고
아부지 괜찮타요 앵무처럼 복창했다
멍충아, 내가 몬산다 벅수거튼 니를 두고

아부지는 누워서도 큰소리만 자꾸 쳤다
입 닫고 눈 닫아도 그러려니 눈치 없이
벅수는 아부지 손만 벅수처럼 꼭 잡았다

먼동이 재촉하듯 창살을 비춰 올 때
아부지 잡은 손은 맥없이 풀어지고
맥박도 어둠을 딛고 벅수처럼 서 있었다

생전에 휘둘리던 일필휘지 어디 가고
당신의 영전에는 고요함만 나부끼네
허공은
앞소리 태워
북망산천 재촉한다.

얼레빗

양심을 내던지고 편법에만 눈을 뜬다
윤리도 저버리고 도덕마저 짓밟은 채
법망을 뛰어넘는다, 자지러진 법 앞에

정의의 눈을 가린 가당찮은 불법 비리
진실은 눈을 감고 하릴없이 바라봐도
가슴은 눈을 떠야지, 썩은 뿌리 뽑으려면

법계를 바라보라 얼마나 거룩한가
어깨를 짓누르는 부끄러운 비리 속에
세상이 혼절한 마당, 이제라도 깨어나야

언제나 법 앞에서 투명하고 더욱 낮게
법으로 법을 이고 법의 길을 틔워가면
어둠도 법 빛이 되어 경계마저 없애리

옥녀봉
― 외할머니 유택을 찾아

산마루 하늘바다 조개구름 노니는데
등성을 넘는 바람 초롱참새 동무하고
몽돌이 구르는 소리 자장가로 듣고 있네

굽이진 오솔길은 잎새 따라 길을 내고
해수관음 높이 솟은 마을 어귀 눈길 닿아
잠자는 기억 저편을 눈감은 채 달려간다

세월의 허리춤에 하늘 찌른 대쪽 하나
말 없는 통곡으로 깊은 계곡 적시는데
풀잎만 무성한 무덤 굴복 재배 올린다

입으로 코를 빨며 애지중지 키워주신
그 은혜 가이없어 무덤 앞에 엎드려도
옥녀봉 너는 알리라, 갚을 길이 없는 길

그해, 가을
-어머니의 기일

무더위 초가을이 엇비슷 걸친 하늘
한순간 고삐 풀려 허술한 틈새에서
혹독한 이승길 두고 저승길을 떠났네

흩어진 눈꺼풀은 가쁜 숨 재촉하여
눈 뜬 채 떠난 이승 눈 감고 돌아앉아
투명한 적삼 자락만 그날처럼 눈 뜨네

엎지른 시간 속에 품었던 깊은 사랑
가신 지 반백 년을 또렷이 걸어와서
못다 한 품속의 말을 갈바람에 띄우네.

빼다지

남몰래 가슴 속에 소중하게 지닌 파문
살며시 귀 기울여 눈 감은 채 다가서면
몽돌이 구르는 소리 그 안에서 들린다.

울어도 소용없는 지난 일은 묻어두고
죽을힘 다하도록 살아야 할 내일 앞에
용케도 버티어왔다, 풍랑으로 키운 삶

막막한 갈피마다 수액처럼 적셔주며
잠 못 든 목메임을 환청으로 달래주는
촉촉한 고향 까마귀 그 안에서 눈 뜬다.

석간수

고요한 산세 속에 어우러진 숲속에서
발걸음 묶어두는 나지막한 속삭임이
가없는 시름이 되어 밀려오는 지난날

무심한 세월 안고 애틋하던 그리움은
숨 멎은 꿈결 따라 여울지는 이슬처럼
아련한 마음 토닥여 침잠하는 물이랑

귀 열고 마음 열어 속절없이 기다려도
저만치 애태우던 그 임 닮은 물방울은
가파른 폭포로 일어 무딘 가슴 덮치네

분기탱천

억울함 둘러쓰고
어둠 속 헤매다가

지나는 바람결에
목메인 하소연을

다 안다,
눈 뜬 속임수
온 세상이 보았네

세상에 못 할 짓이 눈속임 거짓인걸
거짓을 진실처럼 온갖 죄 덮어씌워
형벌을 불러 모은 일 온 세상이 보았네

모른다 모르쇠로 입 다물면 그만일까
보아도 못 보았다 잡아떼면 그만일까
진실은 시퍼런 눈을 양심에다 꽂는다

지평선

물소리 바람 소리 새소리가 어우러진
꼬부랑 길을 따라 발돋우는 언덕 아래
덧없는 세월 달래는 뭉게구름 한 조각

달빛도 별빛 따라 반짝이는 숲속에서
어여쁜 풀꽃들이 서로 반겨 피는 마을
남몰래 피었다 지는 한 송이의 야생화

가던 길 멈추고서 오던 길을 돌아보니
어제가 오늘처럼 마주하며 달려오고
아무도 보이지 않네, 홀로 섰는 그 길에

■ 해설

존재의 심연을 가로지르는 시적 성찰
-신계전 시조집 『무늬 없는 바다』

김태균(시인)

1. 여는 말

　신계전 시인의 세 번째 시조집 『무늬 없는 바다』는 전통적인 시조 형식을 유지하면서도 현대적인 감각과 철학적 사유를 깊이 탐구한 작품들로 가득하다. 시조라는 전통적 문학 형식을 통해 시인은 인간의 고민과 생각을 다양한 주제와 감정을 통해 형상화한다. 시인이 추구하는 목표는 전통과 현대, 개인과 사회, 인간과 자연 간의 관계를 새롭게 바라보며 독자들에게 색다른 미적 체험을 선사하는 데 있다. 이 시조집은 고유한 형식적 틀 안에서도 무한한 시적 가능성을 탐구하려는 시인의 의지를 담고 있으며, 시조 문학을 새롭게 해석하고 재발견하는 시도를 보여준다.

　대부분의 시조집은 표제작의 제목을 따서 이름을 짓지만, 이 시조집의 제목인 『무늬 없는 바다』는 단순히 표제작의 이름이 아니라, 시인이 전하려는 다층적 상징과 깊은 의미를 함축적이고 은유적으로 표현한 제목이다. 이는 시인이 탐구하는 주제와 시적 세계를 압축적으로 표현하는 동시에, 그의 시적 지향을 은유적으로 드러내는 역할을 한다. 우선, '무늬 없는 바다'라는 표현은 본질에 대한 깊은 탐구를 상기시킨다. 바다는 표면적으로 단순하고 고요해 보이지만, 그 속에는 다양한 생명과 미지의 세계가 숨겨져 있다. 이는 시조집에서 다루고자 하는 삶과 존재의 문제가 단순해 보일 수 있지만, 그 이면에는 복잡한 감정과 철학적 고뇌가 내재해 있음을 암시한다. 시인은 시조 형식을 빌려, 이러한 본질의 깊숙한 층위를 탐색하려는 의지를 보여준다.

또한, '무늬 없음'은 깨끗하고 순수한 상태를 뜻하는데, 이는 꾸밈과 위선을 벗어던진 순수함을 나타낸다. 이러한 순수한 상태는 시인이 시조를 통해 자연과 인간의 본질을 있는 그대로 투명하게 드러내려는 태도와 맞닿아 있다. 시인은 이를 통해 인간과 자연의 순수한 감각과 본질을 탐색하며, 존재의 진정한 의미를 찾아 나선다.

마지막으로, 끊임없는 변화와 다양성을 상징하는 은유로서 '무늬 없는 바다'는 계속해서 변하더라도 표면적으로는 무늬가 없는 바다의 특성을 떠올리게 한다. 사랑, 가족, 사회 정의, 자연, 죽음, 역사, 종교적 성찰 등 여러 주제가 얽혀 있음에도 불구하고, 그 모든 것이 궁극적으로 하나의 통일성을 이루려는 시인의 시적 기법이 엿보인다.

결국 『무늬 없는 바다』는 시조 형식의 간결한 언어를 통해 인간과 삶의 본질을 탐구하려는 시인의 열망을 상징적으로 담아내며, 시조 형식이 가진 전통적 구조 안에서 현대적 감각과 철학적 사유를 녹여내고 있다. 이러한 특징은 시조 형식을 현대적 시각에서 새롭게 해석하고 재발견하는 시인의 문학적 실험을 잘 보여준다.

이 글에서는 시인이 『무늬 없는 바다』를 통해 사소한 사물들 속에 숨은 깊은 의미와 감정의 결을 어떻게 탐구하며, 전통적 시조 형식을 현대적 감각으로 재해석해내는지를 자세히 살펴보고자 한다. 그래서 시인이 시조 형식 안에서 이뤄낸 미학적 성취와 그 의의를 본격적으로 살펴보려 한다.

2. 가족과 사랑의 시적 형상화

가족과 사랑은 인간 삶의 가장 기본적인 감정이자, 누구나 경험하는 보편적인 주제이다. 『무늬 없는 바다』에는 가족에 대한 깊은 그리움과 사랑, 그리고 이별의 슬픔이 잘 담겨 있다. 이 작품들은 가족이라는 주제를 다양한 각도에서 탐구하며, 부모와 자식, 형제, 그리고 사람 간의 애정과 그 관계 속에서 느끼는 복합적인 감정을 섬세하게 표현한다. 이러한 감정은 단순히 개인적 차원에서 그치는 것이 아니라, 인간의 보편적 경험으로 확장되어 독자들로 하여금 자신을 돌아보게 한다. 사랑하는 사람을 잃었을 때의 슬픔, 그리움, 그리고 애도의 감정은 모든 독자가 공감할 수 있는 주제이며, 시인은 이러한 감정을 시조의 형식미 안에 응축시켜 강력한 시적 효과를 이끌어낸다.

    똘망한 눈동자로
    내 마음을 가두었지

    언제나 꽃별처럼
    야무지게 반짝이며

    내 안에
    쑥쑥 자란다,
    네가 심은 사랑이

                           - 「잔 다르크」 전문

「잔 다르크」는 사랑하는 외손녀에 대한 애정을 담아낸 작품이다. 시인은 외손녀의 세례명을 통해 외손녀가 특별한 존재임을 암시하고, '똘망한 눈동자'라는 표현으로 생기 있고 천진한 아이의 모습을 생생하게 그려낸다. 이 눈동자는 단순한 시각적 이미지를 넘어서, 시인의 마음을 '가두는' 중요한 역할을 한다. 외손녀의 존재는 시인에게 '꽃별처럼' 빛나는 존재이며, 손녀가 심은 사랑이 시인 안에서 '쑥쑥 자란다'라는 비유를 통해 사랑의 깊이와 지속성을 표현한다. 이는 사랑의 시작과 성장이 자연의 생명력에 빗대어 시적 감수성을 강화하며, 외손녀를 향한 시인의 애정이 단순한 감정적 차원을 넘어 인생의 본질적인 의미와 연결된다는 점을 시사한다.

> 못 먹고 못 입어도
> 자식 배는 채웠었지
>
> 주린 배 낡은 옷에
> 벼락치기 비단 수의
>
> 살아서
> 엄두도 못 낸
> 리무진을 타고 가네.
>
> -「호강」전문

이 시조는 어머니의 헌신적 사랑을 되새기며 죽음을 애도하는 작품이다. 초장에서 어머니가 자식들을 위해 얼마나 많은 희생을 감내했는지 "못 먹고 못 입어도/ 자식 배는 채웠었지"라는 구절을 통해 간결하면서도 강렬하게 전한다. 어머니는 자신은 가난과 고통을 견디면서도 자식들의 안위를 우선시하는 존재였음을 시인은 강조한다. 이어지는 중장에서 "주린 배 낡은 옷에/ 벼락치기 비단 수의"라는 대비적 표현은 어머니의 생전과 사후의 모습을 대조적으로 보여주며, 어머니가 살면서 겪었던 고통과 죽음 이후에도 여전히 남아 있는 삶의 모순을 드러낸다. 마지막 종장에서 '리무진'을 타고 가는 장면은 어머니가 비로소 세상의 고통에서 벗어나 편안한 길로 떠나기를 바라는 시인의 염

원이 담겨 있다. 이 작품은 어머니의 삶과 죽음 속에서 발견되는 인생의 깊은 아이러니와 의미를 탐구하고 있다.

> 문병 온 사람마다 괜찮다 괜찮다고
> 아부지 괜찮타요 앵무처럼 복창했다
> 멍충아, 내가 몬산다 벅수거튼 니를 두고
>
> 〈중략〉
>
> 먼동이 재촉하듯 창살을 비춰 올 때
> 아부지 잡은 손은 맥없이 풀어지고
> 맥박도 어둠을 딛고 벅수처럼 서 있었다
> - 「벅수」 일부

  이번 작품은 아버지와의 이별을 담은 시조로, 죽음이라는 무거운 주제를 소박한 일상적 언어로 풀어낸다. 시인은 "문병 온 사람마다 괜찮다 괜찮다고" 반복되는 말속에 애써 마음을 다잡는 사람들의 모습을 담아낸다. 아버지의 "벅수거튼 니를 두고"라는 말은 사랑하는 딸을 두고 떠나는 아버지의 마음이 얼마나 아픈지 절절히 느끼게 한다. 셋째 수에 아버지의 손이 '맥없이 풀어지고' 벅수가 된다는 표현은 아버지의 죽음 앞에서 남겨진 자의 절망감을 묘사한다. 그러나 그 '벅수처럼 서 있다'는 표현은 오히려 그 자리를 지키고자 하는 자신의 고집스러운 마음을 상징적으로 드러낸다. 이 시조는 가족의 죽음을 받아들이는 과정에서 느끼는 복잡한 감정을 담담하면서도 깊이 있게 그려내고 있다.

　시조집 『무늬 없는 바다』에서 가족과 사랑에 대한 성찰은 인간이 살아가는 동안 반드시 겪게 되는 감정을 깊이 탐구한다. 그는 부모와 자식, 그리고 인간 관계 속에서 발견되는 사랑과 상실의 감정을 시적 언어로 고도로 응축하여 표현한다. 이러한 감정의 탐구는 개별적 차원을 넘어 인간의 보편적 경험으로 승화되며, 독자에게 공감과 위로를 전달한다. 시인의 시조는 가족의 사랑을 노래하면서도 그 속에 담긴 삶의 의미와 진정성을 날카롭게 조명하고 있는 것이다.

2. 사회적 정의와 도덕적 성찰

　『무늬 없는 바다』는 단순히 개인의 감정이나 사적 경험에 머무르지 않고, 사회적 정의와 도덕적 가치를 깊이 있게 다룬다. 시인은 시조라는 전통적인 형식을 통해 현대 사회에서 희미해져 가는 정의의 문제를 다시 한번 돌아보게 하며, 우리가 살아가야 할 올바른 자세와 태도를 고민하게 한다. 작품들 속에는 사회적 부조리와 불의를 비판하는 목소리가 담겨 있으며, 이를 통해 공정하고 정의로운 사회를 향한 강력한 메시지를 전달한다. 시인은 인간이 지켜야 할 기본 윤리와 도덕적 태도를 성찰하며, 오늘날 우리 사회가 어디로 가야 할지를 묻고 있다. 이러한 고민은 단순한 개인의 문제를 넘어, 사회 전체의 이슈로 확장되며, 시조라는 문학적 틀 안에서 더욱 선명하게 울린다.

> 참되고 올바르게
> 떳떳하고 따뜻하게
>
> 언제나 칼끝처럼
> 냉철한 마음으로
>
> 승패는
> 가슴에 있다,
> 정의롭고 강하게
>
>   -「진검승부」전문

「진검승부」는 인생에서 진정한 승부란 무엇인지 묻고 있다. 시인은 "참되고 올바르게/ 떳떳하고 따뜻하게"라는 표현을 통해, 인간이 살아가며 가져야 할 기본적인 삶의 자세를 제시한다. '칼끝처럼 냉철한 마음'은 정의와 도덕적 기준을 확고히 지키되, 인간적인 온정을 잃지 않는 균형 있는 태도를 뜻한다. 승부란 단순한 결과가 아니라, 내면의 결단과 자세에서 비롯된다는 점에서, 시인은 "승패는/ 가슴에 있다"는 말로 마음가짐과 윤리적 태도의 중요성을 강조한다. 이는 결과보다 과정을 중시하며, 도덕적 가치를 지키는 삶이야말로 진정한 승부라는 시인의 철학적 관점을 보여준다.

착하고 인정 많아 우유부단 속수무책
혼자만 올바르면 그게 전부 아닌 것을
아닌 건 아닌 거라고 또렷하게 말해야지

눈 뜨고 당하면서 눈 감은 듯 말 못 하고
비리를 보고서도 못 본 척 한다면야
올바른 사람이라고 차마 말을 못하리

세상이 혼탁해도 그런 세상 맑게 씻어
윤리도덕 앞세워야 밝은 세상 다가오리
사람이 사람다우면 세상 또한 세상 답지

- 「공렴」 전문

「공렴」은 공정과 청렴의 가치를 중점으로, 정의와 도덕적 신념을 지키는 삶의 중요성을 강조하는 작품이다. 첫째 수에서 시인은 "착하고 인정 많아 우유부단 속수무책"이라는 표현으로, 선의만으로 살아가기엔 녹록지 않은 세상의 현실을 드러낸다. 혼자만 올바르다고 해서 충분하지 않음을 지적하며, 시인은 "아닌 건 아닌 거라고 또렷하게 말해야지"라는 구절로 비리를 목격했을 때는 결단력 있게 맞서야 한다고 강조한다. 둘째 수와 셋째 수에서는 혼탁한 도덕적 환경에서도 윤리적 가치를 지키는 것이 얼마나 중요한지 역설하며, 인간다운 삶을 사는 것이 곧 진정한 사회적 정의를 실현하는 길임을 설파한다.

서릿발 강화유수

등등하던 불호령은

세월의 입김 속에
잡풀처럼 누워있고

동헌은
하늘 찌르던
기개 접고 졸고 있다.

- 「명위헌」 전문

「명위헌」은 고려 궁지 동헌을 배경으로, 권력의 덧없음과 세월의 변화를 통해 역사적 아이러니를 부각하는 작품이다. 시인은 "서릿발 강화유수/ 등등하던 불호령은"이라는 초장을 통해 동헌의 과거 권위와 기세를 강렬하게 묘사하면서, 시간이 흐른 뒤의 쇠락을 대조적으로 보여준다. "잡풀처럼 누워있고"라는 표현은 한때 강했던 권력이 이제는 초라하게 퇴락했음을 상징한다. 마지막 종장에서 "기개 접고 졸고 있다"는 구절은 권위와 명예가 얼마나 쉽게 사라질 수 있는지를 환기시킨다. 이를 통해 시인은 역사적 권위와 정치적 힘이 본질적으로 얼마나 허무한지 질문을 던진다.

또한, 「보루」와 「참호」는 각각 사회적 정의와 의무를 지키기 위한 투쟁을 다룬다. 「보루」에서는 법의 정의와 진실을 수호하는 이들의 고통스러운 싸움을 그리며, 「참호」는 불의에 맞서 싸우다 억울하게 누명을 쓴 영웅들의 이야기를 다룬다. 이들 작품은 사회적 부조리와 불의에 맞서 싸우는 용기와 인내를 호소하며, 정의를 추구하는 사람들의 헌신을 독자들에게 강력히 호소한다.

시조집 『무늬 없는 바다』에서 드러나는 사회적 정의와 윤리적 가치는 시인의 확고한 신념과 철학적 토대를 기반으로 하고 있다. 시인은 시조를 통해 불의와 모순에 맞서는 용기와 도덕적 자세를 강조하며, 개인이 마땅히 지켜야 할 인간적 가치와 사회적 책임을 상기시킨다. 이러한 작품들은 혼탁한 현실 속에서도 정의와 올바름을 추구하려는 인간의 꾸준한 노력을 보여주며, 독자들로 하여금 자신의 삶을 돌아보고 반성할 기회를 제공한다. 시인은 정의롭고 공정한 사회를 이루는 것이야말로 우리가 추구해야 할 진정한 가치임을 시조를 통해 역설하고 있는 것이다.

3. 자연과 인간의 깊은 교감

자연과 인간의 관계는 문학에서 지속적으로 천착해 온 주제다. 신계전 시인의 시조집 『무늬 없는 바다』에서도 자연은 단순한 배경이 아니라, 인간의 삶과 감정을 비추는 거울로 작용한다. 자연 속에서 인간은 자신의 존재를 자각하고, 그 안에서 고통과 기쁨을 경험하며 내적 평화를 찾는다. 이 과정에서 자연은 인간의 내면을 반영하는 동시에,

삶의 교훈을 제공하는 스승의 역할을 하기도 한다. 신계전 시인은 산, 강, 바람, 나무와 같은 자연 요소를 통해 인간 내면을 탐구하며, 자연과의 조화 속에서 깨달음과 치유를 경험할 수 있음을 독자에게 제시한다.

> 구름도 강바람도
> 능선 타고 함께 모여
>
> 얼음 눈 깍지 낀 채
> 산하를 굽어보며
>
> 세상을
> 몰아세운다,
> 만만찮은 몸짓으로
>
> -「상고대」전문

「상고대」는 겨울 산에서 눈과 얼음이 어우러진 장엄한 모습을 통해 자연의 강인한 힘을 그려낸다. 초장에서 구름과 강바람이 산 능선을 따라 모여드는 장면은 자연의 에너지가 결집되는 순간을 묘사하며, 그 웅장함을 상상하게 한다. 중장의 "얼음 눈 깍지 낀 채/ 산하를 굽어보며"라는 구절은 상고대를 자연의 거대한 손길에 비유하여, 마치 자연이 세상을 감싸 안고 있는 듯한 이미지로 형상화한다. 종장에서는 "세상을/ 몰아세운다,/ 만만찮은 몸짓으로"라는 구절을 통해 자연의 힘이 얼마나 압도적인지를 강조하며, 그 앞에서 인간이 겸손해져야 한다는 메시지를 전한다. 이 작품은 자연의 위대함과 인간의 한계를 상기시키며, 자연이 인간의 사고와 행동을 변화시키는 중요한 존재임을 시사한다.

> 신선이 춤을 추듯
> 맑은 몸짓 출렁이고
>
> 물소리 하도 고와
> 마음마저 길을 잃어
>
> 산천도
> 숨을 죽인 채
> 귀를 열고 쫓아오네
>
> -「옥천」전문

「옥천」은 맑고 깨끗한 강물을 통해 자연의 순수함과 그 고유한 아름다움을 노래하는 작품이다. 초장에서 "신선이 춤을 추듯/ 맑은 몸짓 출렁이고"라는 구절은 물의 흐름을 신선의 춤에 비유하여 물의 생명력과 자연의 역동적인 아름다움을 그려낸다. 중장의 "물소리 하도 고와/ 마음마저 길을 잃어"라는 구절은 자연의 소리가 사람의 마음을 끌어당겨 그 속에서 길을 잃게 할 정도로 깊은 매력을 발산한다는 의미로, 자연의 순수한 힘이 사람의 감정을 사로잡는 모습을 표현한다. 마지막 종장에서 "산천도/ 숨을 죽인 채/ 귀를 열고 쫓아오네"는 자연이 마치 살아 숨 쉬는 듯, 그 속에서 경이로움을 감지하게 된 인간의 경험을 암시하며, 자연과 인간이 교감하는 순간의 아름다움을 찬미한다. 이는 자연 속에서 인간이 내면의 평화를 찾고 정화되는 과정을 상징한다.

혹독한 추위 속에 맨몸으로 서 있구나
버거운 눈의 무게 온몸으로 받아내며
늘 푸른 기상을 담아 백설 속에 나부낀다

낮추고 비워내야 걸림 없이 사는 것을
이제야 깨우치며 마음으로 고개 숙여
전신을 가볍게 턴다, 눈바람을 맞으며

겨울밤 깊어가도 초연히 눈 감은 채
매서운 눈바람을 말없이 끌어안고
묵묵히 감내하리라, 절벽 위의 설송처럼

- 「설송」 전문

「설송」은 겨울의 매서운 추위 속에서 꿋꿋이 서 있는 소나무를 통해 인간의 인내와 강인함을 상징적으로 그려낸다. 첫째 수에서 "혹독한 추위 속에 맨몸으로 서 있구나"라는 구절은 소나무가 극한의 환경 속에서도 흔들리지 않고 제 자리를 지키는 모습을 묘사하며, 이는 인간이 삶에서 마주하는 고난과 역경을 상징한다. 둘째 수에서는 "낮추고 비워내야 걸림 없이 사는 것을"이라는 표현을 통해, 세상의 무게를 감당하려면 마음을 비우고 겸손해야 한다는 교훈을 전달한다. 마지막 셋째 수에서는 "겨울밤 깊어가도 초연히 눈 감은 채"라는 구절로 소나무가 고난을 견디며 서 있는 모습을 통해, 인간이 신념과 가치를 잃지 않고 삶의 어려움에 맞서는 모습을 그려낸다.

이밖의 여러 작품에서도 자연을 통해 인간 존재를 깊이 성찰한다. 「겨울 숲길」에서는 추운 겨울을 견디는 나무를 통해 인간의 고난을, 「산당화」는 산에서 피어나는 꽃의 강인함을 통해 생명력을, 「청산」은 청산의 고요함과 순수함을 통해 인간이 지향해야 할 삶의 태도를 상징한다. 이처럼 자연과 인간의 관계는 시인의 시조에서 단순한 묘사를 넘어 인간 내면과 삶의 본질을 탐구하는 중요한 장치로 기능한다.

신계전 시인의 『무늬 없는 바다』는 자연을 인간의 거울로 삼아, 그 속에서 삶의 지혜와 평화, 그리고 내면적 성숙을 발견하게 한다. 자연과 인간의 깊은 연관성을 통해 삶의 의미를 성찰하게 하는 시인의 메시지는 독자에게도 깊은 울림을 전달한다.

4. 죽음과 존재에 관한 시적 탐구

죽음은 인간이 피할 수 없는 궁극적인 현실이며, 그 속에서 존재의 본질을 깊이 탐구하는 주제다. 신계전 시인의 시조집 『무늬 없는 바다』는 죽음과 그로 인한 상실의 감정을 세밀하게 다루며, 죽음의 의미와 그 이후에 대해 끊임없이 묻는다. 시인은 죽음을 단순한 종말이 아닌, 새로운 시작이자 존재의 또 다른 차원으로 바라보며 탐색하고자 한다. 이 과정에서 죽음을 마주한 인간의 감정은 두려움과 슬픔으로 가득 차지만, 때로는 그것을 초연하게 받아들이는 모습도 보인다.

이러한 복합적인 감정은 시조에서 깊은 철학적 성찰과 사유의 형태로 드러나며, 삶과 죽음이 맞닿는 경계에서 인간 존재의 진정한 의미를 발견하려는 시인의 강한 의지가 투영된다. 신계전 시인의 시조들은 죽음을 통해 인간의 내면을 들여다보며, 그 속에서 새로운 깨달음과 평온을 찾아내려는 여정을 보여준다.

눈 감고 마음 떠서
깊고 높은 길을 찾네

끝없는 길을 따라
한없이 헤매이네

헤매다 쓰러진 하늘
맑은 길이 되었네.

-「도솔천」 전문

「도솔천」은 죽음 이후의 세계에 대한 탐구와 그 여정을 시적으로 형상화한 작품이다. 초장에서 시인은 "눈 감고 마음 떠서/ 깊고 높은 길을 찾네"라는 구절을 통해, 죽음 이후의 세상인 도솔천을 향한 영적 여정의 시작을 그린다. 여기서 '눈 감고 마음 떠서'는 육체를 벗어나 영혼이 새로운 세계로 나아가는 모습을 상징하며, 그 과정에서의 내적 탐구가 시작된다.

중장에서 "끝없는 길을 따라/ 한없이 헤매이네"라는 구절은 죽음 이후에 마주하는 미지의 세계에서 방황하는 영혼의 불확실함과 혼란을 상징적으로 보여준다. 이는 죽음 이후의 길이 결코 명확하지 않으며, 그 과정에서의 혼란과 방황을 암시한다.

마지막 종장의 "헤매다 쓰러진 하늘/ 맑은 길이 되었네"라는 표현은 이 방황이 결국 깨달음으로 이어짐을 시사한다. 죽음이 끝이 아닌 새로운 깨달음의 과정으로 이어져, 궁극적인 평화와 자유를 얻게 되는 모습을 상징적으로 드러낸다. 이를 통해 시인은 죽음을 단순한 종결이 아닌 존재의 새로운 차원으로 바라보며, 그 속에서 얻는 평화와 깨달음의 의미를 전달한다.

>모기 코 비뚤어진 서늘한 가을 초입
>바라춤, 연화 용선 혼령을 달래어도
>한 맺힌 영가에게는 무슨 소용 있을까
>
>산사람 위로하고 산사람 위로받고
>영혼은 비껴서서 구경꾼이 되어도
>막다른 진혼의 마당 사람 혼이 되었네

저승은 고요한데 이승은 시끄럽고
천도를 한답시고 마음만 어지럽혀
법문은 허공에 뜬 채 각설이만 나서네.
-「진혼」 전문

「진혼」은 죽은 자를 위한 의례적 위로와 산 자가 느끼는 상실감, 그리고 그 허망함을 중점적으로 다룬 작품이다. 첫째 수의 "바라춤, 연화 용선 혼령을 달래어도/ 한 맺힌 영가에게는 무슨 소용 있을까"라는 구절은 죽은 자를 위한 의례가 과연 그들의 한을 풀어줄 수 있을지에 대한 의문을 제기한다. 이는 진혼의 행위가 산 자의 마음을 달래려는 것일 뿐, 실제로는 죽은 자에게 위로가 되지 못한다는 무력감과 허무함을 상징적으로 드러낸다.

이어지는 둘째 수에서는 "영혼은 비껴서서 구경꾼이 되어도/ 막다른 진혼의 마당 사람 혼이 되었네"라는 표현을 통해, 이미 죽은 자는 저편에 속한 존재가 되어, 더 이상 이승에서 벌어지는 의례에 의미를 두지 않는다는 것을 보여준다. 결국 진혼 의례는 남겨진 사람들만이 죽음을 마주하며 자신을 위로하려는 행위로 그려진다.

셋째 수에서 "천도를 한답시고 마음만 어지럽혀/ 법문은 허공에 뜬 채 각설이만 나서네"라는 구절은 의례적 말들이나 형식이 진정한 위로가 되지 못하고, 오히려 상실의 아픔을 더할 뿐이라는 비판을 담고 있다. 이를 통해 시인은 죽음을 둘러싼 의례가 내면의 고통을 치유하기에 부족한 형식적 행위로 전락하고 있음을 강조하며, 산 자가 느끼는 허망함을 깊이 있게 성찰하고 있다.

> 졸지에 길을 떠나 넋이 된 혼령 앞에
> 목메어 울어본들 영령마저 혼절하고
> 하늘길 누가 틔우나 발목 잡는 절규 속에
>
> 〈중략〉
>
> 해당화 명사십리 너는 어이 피어있나
> 못다 핀 원혼의 꽃 저승길에 활짝 피어
> 눈 뜬 채 길 떠난 혼을 차마 배웅 못 하네.
> -「비천무」일부

「비천무」는 갑작스러운 숙음과 그로 인한 극도의 슬픔을 집중적으로 그린다. 첫째 수에서 "졸지에 길을 떠나 넋이 된 혼령 앞에/ 목메어 울어본들 영령마저 혼절하고"라는 구절을 통해, 갑작스러운 이별이 남겨진 자들에게 어떤 깊은 슬픔과 충격을 주는지 드러낸다. 그러나 그 슬픔이 아무리 크더라도 죽은 자에게는 더 이상 다가갈 수 없다는, 죽음의 냉혹함이 강조된다. 죽음 앞에서의 무력함이 절절하게 표현되며, 이는 인간이 감당해야 할 운명의 비정함을 상징적으로 보여준다. 종장에서 "하늘길 누가 틔우나 발목 잡는 절규 속에"라는 구절은 남겨진 자가 느끼는 절망감과 애통함의 깊이를 표현한다. 하늘길이라는 비유는 죽음 이후의 세계를 상징하지만, 그것에 다가가는 과정에서 느껴

지는 극심한 슬픔이 남아 있는 자들의 발목을 잡고, 그들을 고통 속에 머물게 한다.

마지막 수에서는 "못다 핀 원혼의 꽃 저승길에 활짝 피어/ 눈 뜬 채 길 떠난 혼을 차마 배웅 못 하네"라는 구절을 통해 죽음 앞에서의 이별의 아쉬움과 미련이 강하게 느껴진다. 떠난 이가 죽음의 길을 떠난 상황을 직시하기 어려운 산 자의 슬픔이 절절하게 전해지며, 인간 존재에 깊은 상흔을 남기는 죽음의 비극이 강렬하게 표현된다.

신계전 시인의 시조집 『무늬 없는 바다』는 이러한 죽음과 존재의 문제를 깊이 탐구하며, 죽음을 단순한 두려움의 대상이 아니라, 존재의 본질을 묻는 중요한 기회로 본다. 시인은 죽음을 통해 삶의 진정한 의미를 성찰하고, 그 과정에서 인간의 복잡한 감정과 사유를 섬세하게 그려내며, 삶과 죽음이 서로 긴밀히 맞닿아 있음을 보여준다. 죽음이야말로 인간 존재의 본질을 직면하게 하는 중요한 사건이며, 이를 통해 독자는 삶의 가치를 새롭게 성찰하게 된다.

5. 역사와 정체성의 재발견

정체성과 역사는 개인과 공동체의 삶에 깊이 얽혀 있는 중요한 요소다. 『무늬 없는 바다』는 민족적 정체성과 역사적 맥락을 통해 개인과 국가의 운명이 어떻게 긴밀하게 연결되어 있는지를 탐구한다. 시인은 과거의 역사적 사건과 인물들을 현재 시점에서 소환하며, 그 의미를 새롭게 해석하는 작업을 한다. 이 과정에서 잊히거나 왜곡된 역사적 사실을 환기하려는 의도를 엿볼 수 있다.

　시인의 시조들은 역사적 사건들을 통해 개인의 정체성을 다시 구성하고, 그 기억을 현재의 삶에 생생하게 불러온다. 이를 통해 독자들은 역사적 의식을 고취하게 되고, 역사 속에 담긴 삶의 깊은 의미를 다시금 되새기게 된다. 시조의 형식을 빌려 전달되는 이 메시지는 민족적 자각과 함께, 현재 우리가 살아가는 사회와 개인의 위치를 재조명하게 하는 힘을 지닌다.

>멀고도 낯선 땅에 발붙여 살아왔네
>고국의 그리움을 가슴속에 묻어둔 채
>시리고/ 낯선 이름만/서럽도록 다가오네
>
>언제나 돌아갈까 꿈을 안고 헤매어도
>인정의 굶주림에 살아있는 나라말은
>뜨거운/ 가슴 속에만/ 바늘처럼 꽂혀 있네.
>
>　　　　　　　　　　　- 「까레이스키」 전문

「까레이스키」는 이주민이 겪는 삶의 고통과 정체성 혼란을 정교하게 다룬 작품이다. 첫째 수에서 시인은 "멀고도 낯선 땅에 발붙여 살아왔네"라는 구절로 낯선 환경 속에서 정착하려는 이주민의 어려움을 생생하게 표현한다.

이어서 "고국의 그리움을 가슴속에 묻어둔 채"라는 구절은, 고향을 그리워하면서도 표현하지 못하는 이들의 내적 갈등을 드러내며, 이주민들이 겪는 정체성 혼란과 고립된 감정을 강조한다. "시리고/ 낯선 이름만/ 서럽도록 다가오네"라는 구절은 그들이 느끼는 소속감의 부재와 서러움을 더욱 부각시키며, 고국을 떠나 살아가는 이주민의 내면 깊숙한 곳에 자리한 아픔을 전달한다.

둘째 수에서는 고국에 대한 끊임없는 그리움이 "인정의 굶주림에 살아있는 나라말은/ 뜨거운/ 가슴 속에만/ 바늘처럼 꽂혀 있네"라는 구절을 통해 나타난다. 이 표현은 고국을 향한 애정과 그리움이 그저 마음속에서만 맴돌며, 외부로 표출되지 못한 채 이주민들의 내면을 더욱 아프게 하는 모습을 상징적으로 그려낸다. 이 작품은 이주민의 정체성과 소속감 문제를 통해 개인의 내적 갈등과 역사적 현실을 깊이 있게 성찰하며, 그들이 겪는 고통과 상처를 진솔하게 드러낸다.

> 구름도 말이 없고
> 바람도 입을 닫아
>
> 역사의 발자취만
> 쉼 없이 살펴보니
>
> 부릅뜬
> 돌멩이 절규

봄꽃처럼 붉게 운다.

-「돌총」 전문

「돌총」은 폐왕성을 배경으로, 잊힌 역사와 그 속에 남겨진 상흔을 되새기는 작품이다. 초장에서 "구름도 말이 없고/ 바람도 입을 닫아"라는 구절은 폐허가 된 유적지의 적막함과 고요함을 통해 역사적 무게를 느끼게 하며, 말 없는 자연이 오랜 세월 간직한 침묵의 증인이 되었음을 상징한다. 이어지는 중장에서 시인은 "역사의 발자취만/ 쉼 없이 살펴보니"라고 하여, 시간의 흐름 속에서도 사라지지 않는 역사적 흔적을 찾아 나서는 탐구적 태도를 보여준다. 이는 잊힌 역사를 되살리려는 시인의 의지를 드러낸다.

종장에서 "부릅뜬/ 돌멩이 절규/ 봄꽃처럼 붉게 운다"라는 표현은 억눌린 고통과 상처가 돌멩이의 절규로 나타나지만, 동시에 그 고통이 봄꽃처럼 피어나는 아이러니를 강조한다. 이는 아픔이 오히려 아름다움으로 승화된다는 역사의 아이러니를 상징하며, 시조는 과거의 상처를 오늘날의 시선으로 다시 바라보게 하는 힘을 지니고 있다.

평탄의 기류에서 혼돈의 질곡으로
존엄의 길목에서 지탄의 골목으로
한 가닥 남은 바람은 법을 떠난 법으로

유능의 상징에서 무능의 지경으로
감동의 선상에서 절망의 나락으로
마지막 지켜낼 목숨 무엇으로 숨 쉴까

정의를 짓밟고서 비굴하게 엎드리네
하늘도 기가 막혀 어둠 속에 신음하네
법 앞에 가슴 모은 채 법을 이고 일어서라.

-「보루」 전문

「보루」는 법과 정의의 문제를 중심으로, 사회와 역사의 흐름 속에서 이 가치들이 어떻게 변화하고 퇴색할 수 있는지를 살펴보는 작품이다. 첫 번째 수에서는 "평탄의 기류에서 혼돈의 질곡으로"라는 표현을 통해, 한때는 평화롭고 정의롭게 보였던 사회가 혼란 속으로 빠지는 과정을 묘사한다. 이어지는 중장에서 "유능의 상징에서 무능의 지경으로"라는 구절은 과거에 존경받던 인물이나 제도가 어떻게 타락하여, 결국 무능하고 부패한 존재로 전락했는지 풍자적으로 표현하고 있다. 종장에서 "법 앞에 가슴 모은 채 법을 이고 일어서라"는 구절은 이러한 현실 속에서 인간이 정의를 바로 세우기 위해 어떤 의지와 결단이 필요한지 강조하며, 강력한 메시지를 전달한다. 이 시조는 법과 정의가 시대와 상황에 따라 어떻게 변질될 수 있는지 보여주면서도, 우리가 여전히 정의를 추구해야 하는 이유를 설득력 있게 전달한다.

「귀압」 같은 작품들은 모두 역사적 사건이나 민족적 정체성을 주제로 다루며, 각 작품이 다양한 방식으로 이를 탐구한다. 예를 들어, 「귀압」은 사회의 혼란과 그 속에서 고통받는 민중의 목소리를 담고 있다. 이 작품들은 모두 개인과 역사, 그리고 공동체 사이의 긴밀한 연결성을 탐구하며, 민족적 자각과 사회적 각성을 불러일으킨다.

시조집 『무늬 없는 바다』는 정체성과 역사를 깊이 있게 탐구하며, 우리의 삶이 어떻게 역사와 맞물려 있는지 자세히 보여준다. 시인은 과거의 사건과 인물들을 현재의 시각에서 재조명하면서, 그 안에 담긴 교훈을 되새기게 한다. 단순히 과거를 돌아보는 것에 그치지 않고, 이를 통해 현재와 미래를 위한 방향성을 제시하며, 독자들에게 역사의식과 책임감을 심어준다.

6. 종교적 성찰과 내면의 평화

신계전 시인의 시조집 『무늬 없는 바다』는 종교적 성찰과 내적 평화를 주요 주제로 삼고 있다. 시인은 종교적 체험과 깊이 있는 철학적 사유를 바탕으로, 인간의 내면에서 벌어지는 갈등과 번뇌를 시적으로 표현하며, 이를 초월하고자 하는 인간의 의지를 탐구한다. 불교적 깨달음과 기독교적 구원이라는 두 가지 영적 목표가 그의 작품 속에서 다각도로 드러나며, 시인은 이를 통해 존재의 의미와 가치를 새롭게 모색한다. 단순히 종교적 믿음에 머무르는 것이 아니라, 인간이 내적 평화를 이루고 구원에 이르는 과정이 중요하다는 메시지를 전하며, 독자들에게 삶의 본질에 대한 성찰을 유도한다. 이러한 탐구는 결국 자아와 세계 사이의 조화로 이어지며, 궁극적으로 인간이 구원을 추구하는 길에 중요한 역할을 한다는 점을 시인은 강조하고 있다.

> 자유를 주겠노라 가두어둔 세상에서
> 답답해 도망가던 탈출병도 덜미 잡혀
> 흐르는 맑은 물소리 하릴없다 말하네
>
> 가두어 놓아주고 목숨 건져 보냈다고
> 크나큰 기지개로 소리치는 어리석음
> 미진한 가슴 속에는 허무함만 쌓인다
>
> 보내도 못 떠나고 떠나도 못 보내는
> 역류의 물결처럼 살아오는 부끄러움
> 업장을 이고 서 있다, 씻지 못할 형벌로
>
> - 「방생」 전문

「방생」은 불교적 시각에서 자유와 구원의 문제를 탐구하며, 형식적인 의례와 참된 구원의 차이를 강조한 작품이다. 첫째 수에서 "자유를 주겠노라 가두어둔 세상에서"라는 구절은 사회적 제도나 종교적 규범이 오히려 자유를 제한하는 모순적인 상황을 그려낸다. 이어서 "답답해 도망가던 탈출병도 덜미 잡혀"라는 표현은 자유를 향한 인간의 갈망이 현실 속 제약에 부딪히는 장면을 상징적으로 나타낸다. 둘째 수에서는 방생 행위가 단순한 의례에 그칠 수 있음을 비판하며, "가두어 놓아주고 목숨 건져 보냈다고"

라는 구절로 표면적인 구원이 진정한 해방이 아님을 지적한다. 마지막 수에서는 "보내도 못 떠나고 떠나도 못 보내는"이라는 구절을 통해 내면의 갈등과 인간이 처한 번뇌를 드러내며, 진정한 자유는 단순한 의례나 행위가 아닌 내면의 성찰과 실천을 통해 이루어져야 함을 역설한다. 이 시조는 참된 평화와 자유를 위해서는 형식적인 행위보다는 깊이 있는 자각과 깨달음이 필요하다는 메시지를 전달한다.

> 물질이 허공이며 허공이 물질이듯
> 더럽고 깨끗한 것 오감도 소용없어
> 마음은 진공 속에서 갈팡질팡 떠도네
>
> 안팎이 다르지만 같은 듯 한결같이
> 지혜의 바느질로 고웁게 여민 채로
> 어둠도 빛을 숨긴 채 숨바꼭질 중이네
>
> 본래에 없는 것을 있는 듯 갈구하다
> 허상의 문지방에 목을 맨 부끄러움
> 마음도 눈을 감았네, 깨달음을 잃은 채.
>
> -「공」 전문

「공」은 불교의 핵심 개념인 '공空'을 시적으로 탐구하며, 존재와 비존재의 본질적 관계를 깊이 성찰한 작품이다. 첫째 수에서 "물질이 허공이며 허공이 물질이듯"이라는 구절은 물질과 허공이 서로 분리된 것이 아니라 상호 의존적인 관계임을 설명하고, 이어 "더럽고 깨끗한 것 오감도 소용

없어"라는 표현은 세속적 가치 판단을 초월하는 경지를 묘사한다. 둘째 수에서는 "지혜의 바느질로 고웁게 여민 채로"라는 표현으로, 진리를 깨닫기 위한 섬세한 노력을 상징하며, 그 과정에서 인간이 빛과 어둠 속에서 번뇌와 미혹에 빠져 헤매는 모습을 비유적으로 표현한다. 마지막 수에서는 "본래에 없는 것을 있는 듯 갈구하다"라는 구절을 통해, 허상에 집착하는 인간의 어리석음을 꼬집으며, 허상의 세계에 얽매여 진정한 본질을 보지 못하는 부끄러움을 드러낸다. 이 작품은 인간이 내면의 갈등과 번뇌를 넘어서 진정한 깨달음에 이르기를 바라는 시인의 깊은 성찰을 담고 있다.

> 먼 길을 달려가서 법타法陀극락 보았었네
> 잔잔한 은물결로 밝혀주신 법의 등불
> 가벼운 회초리 앞에 무거웁게 깨달았네
>
> 목단이 되었다가 백합꽃이 되었다가
> 법고로 다가와서 범종처럼 가슴 치고
> 불 밝힌 인등이 되어 어둔 마음 비추었네
>
> 중생을 사랑하고 불법을 펼치시듯
> 자비의 말씀으로 쓰다듬던 너른 가슴
> 스님은 보이지 않고 법타만이 계셨네.
>   -「매」전문

「매」는 불교적 깨달음과 자비의 실천을 노래한 시조로,

인간이 깨달음을 얻기 위해 걸어가는 구도의 길을 그리고 있다. 첫째 수에서 "먼 길을 달려가서 법타法陀극락 보았었네"라는 구절은 깨달음을 향한 먼 여정을 묘사하며, "잔잔한 은물결로 밝혀주신 법의 등불"은 스님의 가르침이 마치 길을 비춰주는 등불처럼, 인간을 깨달음으로 이끈다는 상징적 의미를 담고 있다.

둘째 수에서는 불법이 인간의 내면의 어두운 부분을 치유하는 과정을 담아낸다. "법고로 다가와서 범종처럼 가슴 치고"라는 구절은 불법의 가르침이 인간의 가슴 깊이 울려 퍼지는 것을, "불 밝힌 인등이 되어 어둔 마음 비추었네"라는 구절은 가르침이 내면의 어둠을 밝혀주는 역할을 묘사한다. 마지막 수에서 스님은 보이지 않지만, 법타의 가르침만이 남아 있는 모습은 불법의 본질을 상징하며, 깨달음이란 개별적 존재를 넘어서서 더 큰 차원에 도달하는 것임을 암시한다.

이와 함께 시조집에는 「방하착」, 「불이문」, 「청고」 등 불교적 깨달음과 신념의 실천을 다룬 작품들이 있다. 「방하착」에서는 집착을 버리고 마음을 비우는 과정을, 「불이문」은 깨달음을 향해 번뇌를 초월하는 수행의 길을 이야기하며, 「청고」는 고결한 마음가짐을 유지하는 것이 인간이 추구해야 할 참된 길임을 보여준다. 이러한 시조들은 종교적 성찰과 내적 평화를 주제로, 독자들에게 삶의 본질적인 가치를 되새기게 하며, 인간의 마음을 정화하고 평화로 이끄는 길을 제시한다.

『무늬 없는 바다』에서 종교적 성찰과 내적 평화는 인간 존재의 본질을 탐구하는 데 중요한 역할을 한다. 시인은 불교적 사유와 철학적 성찰을 시조 형식 안에 자연스럽게 녹여내어, 삶 속에서 경험하는 갈등과 번뇌를 어떻게 초월할 수 있을지 모색한다. 이 시조들은 단순히 종교적 찬양에 머무르지 않고, 인간이 마주하는 근본적인 질문들에 답을 찾기 위한 시적인 사유를 담고 있다.

특히, 시인은 내면의 평화를 추구하는 과정을 통해 인간이 궁극적으로 도달해야 할 가치와 목표를 제시하며, 이러한 성찰이 독자에게 깊은 깨달음을 선사할 수 있음을 강조한다. 종교적 성찰은 단순한 신앙이 아니라, 마음속의 혼란을 정리하고 스스로 성장해 나가는 여정의 중요한 부분으로 그려진다.

7. 맺는 말

이상에서 살펴보았듯이, 신계전 시인의 시조집 『무늬 없는 바다』는 다양한 주제를 통해 인간 존재의 본질을 깊이 탐구하며, 전통 시조의 형식에 현대적 감수성과 철학적 사유를 담아낸다. 시인은 이 시조집에서 사랑과 가족, 사회적 정의, 자연과 인간의 관계, 죽음과 존재, 정체성과 역사, 그리고 종교적 성찰과 내적 평화 등 인간 삶의 주요 주제들을 다루며, 이를 통해 독자들에게 삶의 의미와 가치를 성찰할 수 있는 시적 체험을 제공한다.

첫째, 가족과 사랑에 대한 시조에서는 부모와 자식 간의 애틋한 감정, 상실의 아픔을 섬세하게 표현하며, 짧고 강렬한 시조 형식 안에 사랑의 복합적 모습을 응축시킨다. 이는 보편적 감정을 독자에게 강하게 전달하고, 그들로 하여금 자신을 되돌아보게 한다.

둘째, 사회적 정의와 윤리적 가치를 다룬 작품들은 사라져가는 도덕적 가치를 환기하며, 정의롭고 공정한 사회를 추구하는 시인의 강한 메시지를 전달한다. 이러한 시조들은 사회적 부조리와 불의를 고발하며, 인간이 지켜야 할 윤리적 태도에 대한 성찰을 이끌어낸다.

셋째, 자연과 인간의 관계를 탐구하는 시조들은 자연을 단순한 배경이 아닌 인간 내면을 비추는 거울로 활용하며, 자연 속에서 인간의 존재 의미와 내적 평화를 찾는 과정을 그려낸다.

넷째, 죽음과 존재에 대한 시조에서는 죽음을 단순한 종말이 아닌 새로운 시작으로 바라보며, 이를 통해 인간의 존재 의미를 성찰한다. 죽음을 통해 삶의 또 다른 차원을 탐구하는 시인의 시각이 담겨 있다.

다섯째, 정체성과 역사를 다룬 시조들에서는 개인과 국가의 운명이 어떻게 연결되어 있는지 탐구하며, 잊히거나 왜곡된 역사적 사실을 재조명한다. 이를 통해 독자들에게 역사의식을 고취하고, 현재의 삶을 되돌아보게 한다.

마지막으로, 종교적 성찰과 내적 평화를 다룬 시조들은 불교적 깨달음과 내적 평화를 바탕으로, 인간 내면의 갈등과 번뇌를 시적으로 형상화하며, 이를 초월하려는 인간의 노력을 강조한다.

결론적으로, 『무늬 없는 바다』는 전통 시조 형식에 현대적 감각을 더해, 인간 삶의 다채로운 면모를 종합적으로 담아낸 작품집이다. 신계전 시인은 삶과 죽음, 사랑과 이별, 정의와 윤리, 자연과 인간의 관계, 역사와 정체성, 종교적 성찰 등 다양한 주제를 다루며 독자들에게 삶의 근본적인 질문을 던진다. 이를 통해 그는 시조 문학의 새로운 지평을 열어가고 있다.

앞으로도 신계전 시인이 자신의 시적 세계를 계속해서 탐구하고 발전시켜 더 많은 독자에게 깊은 울림을 전하는 작품들을 선보이기를 기대한다. 그의 시조는 그 특유의 아름다움과 힘으로 독자들과 공감대를 형성하며, 삶의 여러 결을 함께 나누고자 하는 소망을 담고 있다. 시조라는 우리의 전통 문학 양식을 기반으로, 신계전 시인이 펼쳐 갈 시 세계가 앞으로 더욱 깊이 있고 풍요롭게 확장되기를 응원한다.